BEI GRIN MACHT SICH IHR WISSEN BEZAHLT

- Wir veröffentlichen Ihre Hausarbeit,
  Bachelor- und Masterarbeit

- Ihr eigenes eBook und Buch -
  weltweit in allen wichtigen Shops

- Verdienen Sie an jedem Verkauf

Jetzt bei www.GRIN.com hochladen
und kostenlos publizieren

Bibliografische Information der Deutschen Nationalbibliothek:

Die Deutsche Bibliothek verzeichnet diese Publikation in der Deutschen National-
bibliografie; detaillierte bibliografische Daten sind im Internet über http://dnb.d-
nb.de/ abrufbar.

Impressum:

Copyright © 2016 GRIN Verlag, Open Publishing GmbH
Druck und Bindung: Books on Demand GmbH, Norderstedt Germany
ISBN: 9783668250550

Dieses Buch bei GRIN:

http://www.grin.com/de/e-book/334547/gesundheitscoaching-nach-whitmore-das-
grow-modell-anhand-eines-fallbeispiels

Moritz Wenninger

Gesundheitscoaching nach Whitmore. Das GROW-Modell anhand eines Fallbeispiels

GRIN Verlag

GRIN - Your knowledge has value

Der GRIN Verlag publiziert seit 1998 wissenschaftliche Arbeiten von Studenten, Hochschullehrern und anderen Akademikern als eBook und gedrucktes Buch. Die Verlagswebsite www.grin.com ist die ideale Plattform zur Veröffentlichung von Hausarbeiten, Abschlussarbeiten, wissenschaftlichen Aufsätzen, Dissertationen und Fachbüchern.

Besuchen Sie uns im Internet:

http://www.grin.com/

http://www.facebook.com/grincom

http://www.twitter.com/grin_com

Bearbeitung eines Coaching Falls aus dem Bereich Gesundheit

Inhaltsverzeichnis

1 Einleitung

1.1 Charakterisierung des Klienten

Zuerst soll der Klient kurz umrissen werden, um sich so einen Überblick zu verschaffen:

Tab. 1: Klientenbeschreibung

Beruf	Steuerfachangestellter in Teilzeit
Familienstand	Ledig, keine Kinder
Hobbys	Karten spielen, Computer spielen
Größe und Gewicht	173 cm, 108 kg
Alter	27 Jahre

Dies zu den äußerlichen Gegebenheiten. Der Klient sucht nun einen Coach auf, da er einen Anstoß zur Änderung seiner bisherigen Lebensgewohnheiten braucht. Innerhalb des Erstgesprächs wird nun primär geklärt, ob die Grundlagen für den Coaching Prozess gegeben sind und durch gegenseitige Exploration eine Vertrauensbasis gebildet. Anhand der gewonnenen Informationen aus dem Erstgespräch wird der Klient nun weiter charakterisiert.

1.2 Ausgangssituation und Änderungswunsch des Klienten

Die Ausgangssituation des Klienten gestaltet sich folgendermaßen:
Da er nun mit 27 Jahren langsam feststellt, dass ohne körperliche Betätigung sowohl Wohlbefinden als auch eigene Fitness abnehmen, keimt der Wunsch, aktiver zu werden, um dem entgegen zu steuern. In seinem bisherigen Leben spielte Sport keine große Rolle und so ist sein derzeitiger Zustand als komplett untrainiert zu bezeichnen. Das Problem besteht nun darin, dass er zwar die Notwendigkeit erkannt hat, dennoch aber ein Mangel an Motivation herrscht. Seinen Änderungswunsch beschreibt der Klient so:
„Ich möchte gerne aktiver werden und so meiner Gesundheit etwas Gutes tun, wobei ich im optimalen Fall sogar Spaß an einer Sportart finde und diese langfristig beibehalte."

Nachdem das Erstgespräch statt gefunden hat, wird dieses nun noch einmal vom Ablauf und den wichtigsten Ergebnissen her zusammengefasst:

Tab. 2: Das Erstgespräch

Schritt	Inhalt
Eröffnen des Gesprächs	Begrüßen und Vorstellen, Rapport herstellen
Klären des Auslösers	Klient bemerkt, dass sein Wohlbefinden und seine Fitness mit Beibehaltung der bisherigen Gewohnheiten sinken
Erwartungen des Klienten	Motivationshilfe, langfristig Spot zu treiben → Fitness verbessern und Gewicht reduzieren
Auftragsklärung	Coach hat Aufgabe Hilfe zur Selbsthilfe zu geben
Abgrenzung und Diskretion	Privates Coaching, Inhalte vertraulich, keine Weitergabe
Vereinbarungen	Coaching einmal wöchentlich für 60 Minuten in privaten Räumlichkeiten des Coaches
Gesprächsabschluss	Erläuterung Vorgehen beim Gesundheitscoaching Hausaufgabe: Überlegung was bei schlechtem Wetter an Sport möglich ist

Nachdem der Klient begrüßt wurde, stellt sich der Coach vor und baut über lockeren Smalltalk einen guten Draht zum Klienten auf. Auf die Beantwortung der Frage, ob der Klient denn gut hierher gefunden habe, schließt der Coach an, was genau ihn denn bewogen habe, ein Coaching aufzusuchen. Es kristallisiert sich heraus, dass der Klient mit zunehmendem Alter bemerkt, wie seine körperliche Verfassung leidet und er sich daher eine Änderung wünscht und diese auch von der Sinnhaftigkeit her erkannt hat, ihm aber einfach die Motivation fehle Sport zu treiben.

Hinsichtlich seiner Erwartungen ist zu sagen, dass er sich einen Motivationsschub erhofft, aber auch Tipps, welchen Sport er am besten treiben sollte. Hier hakt der Coach ein und erklärt seine Funktion, die Hilfe zur Selbsthilfe, dass dadurch Motivation durchaus entflammt werden kann, er aber keine ultimativen Trainingstipps oder exakte Sportarten vorschreiben kann. Hier fragt der Coach nun auch genauer nach, indem er Ressourcen abprüft. Er bringt in Erfahrung, ob denn schon mal ein Anlauf unternommen wurde, aktiver zu werden oder ob es irgendeinen Sport gibt, der ihn interessiert bzw. den er selber schon ausprobiert hat. Daraufhin erläutert der Klient, dass er durchaus sporadisch ab und an in seinem Hof Bastekball spiele, oder kleine Spaziergänge unternehme, jedoch bei schlechtem Wetter ihm sämtliche Motivation fehle einen Fuß vor die Tür zu setzen.

Über die Dauer des Porzesses trifft der Klient eine realistische Einschätzung, welche er mit etwa drei Monaten beziffert, innnerhalb welcher er sich eine Umstellung der Gewohnheiten bis zum Hochsommer hin vorstellt. Denn wenn nichts geschieht, erahnt er, dass seine körperliche Verfassung noch weiter absinkt. Im Bestfall möchte er nicht nur aktiver werden, sondern auch sein Körpergewicht wieder auf unter 100 kg senken.

Nachdem nun die Rollenverteilung und die Erwartungen des Klienten geklärt sind, stimmen beide einem Coaching zu und vereinbaren Inhalte und Diskretion darüber. Des Weiteren werden die Bezahlung sowie Regelmäßigkeit und Dauer der einzelnen Sitzungen abgestimmt, welche wöchentlich einmal stattfinden. Zum Abschluss des Erstgesprächs wird dem Klient ein kleiner Ausblick auf das Thema Gesundheitscoaching gegeben und ihm die Hausaufgabe mitgegeben, zu überlegen, was er bei schlechtem Wetter machen kann, um dennoch Sport draußen zu treiben.

2 Coaching Prozess

Innerhalb dieses Schrittes wird der Coaching Prozess über vier Sitzungen näher beschrieben, welcher sich am GROW-Modell von Whitmore orientiert.

2.1 Sitzungen im Rahmen des GROW-Modells

Mittels des GROW-Modells lässt sich ein roter Faden während des Coachings beibehalten, um so nicht in unwichtigen Detailfragen zu versinken. Dabei diktiert der Coach keine Lösungen, sondern verhält sich klientenzentriert und lösungsorientiert. Dem Klienten wird zugetraut, selber die Veränderung im Leben bewerkstelligen zu können. Das Modell ist jedoch nur dann zielführend, wenn beim Klient Bewusstsein und Verantwortung vorhanden sind (Pieter, 2014a, S. 137).

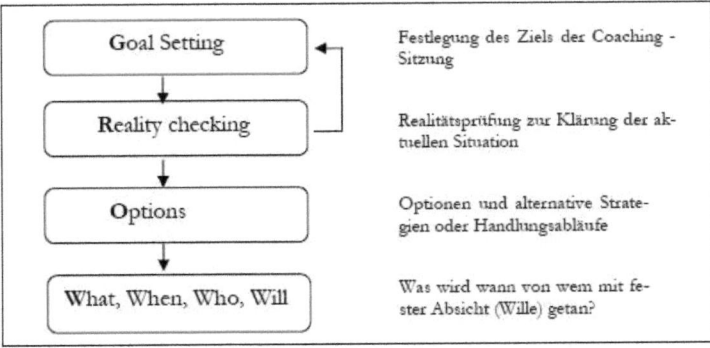

Abb. 1: Das GROW-Modell nach Withmore (1994)

5

„Im Gesundheitscoaching geht es nun darum, die Gesunderhaltung in all ihrer Komplexität mit den Herausforderungen von Arbeit und Leistung in Einklang zu bringen." (Pieter & Mayer, 2014, S. 162) Dabei gilt es zu beachten, dass Ziele und Inhalte vom Klienten selber vorgegeben werden und es kein einheitliches Verständnis von Gesundheitscoaching gibt, da selbst Gesundheit schon ein schwer zu definierender Begriff ist.

Nachfolgend werden nun die Sitzungen nach dem Erstgespräch tabellarisch zusammengefasst und jeweils im Anschluss inhaltlich vom Ablauf her erläutert. Zum zeitlichen Ablauf ist zu sagen, dass die Sitzungen jeweils wöchentlich statfinden, etwa 60 Minuten dauern und nach folgendem Grundschema ablaufen:

Tab. 3: Zeitliches Grundschema einer Sitzung

Schritt	Vorbereitung der Sitzung	Begrüßung und Rapport	Reflexion vorherige Sitzung	Methode und Arbeitsmittel	Resümee und Abrundung	Ausblick und Hausaufgabe
Zeitdauer	individuell	5-10 Minuten	10 Minuten	25-30 Minuten	5-10 Minuten	5 Minuten

Hierzu ist zu sagen, dass die Zeitangaben nur grobe Werte sind und je nach Situation und Methode variieren können. Nun die Inhalte der Folgesitzungen, wobei die Begründungen für diese im Folgepunkt geliefert werden.

Tab. 4: Darstellung der zweiten Sitzung

Vorbereitung seitens des Coachs	Reflexion vergangene Sitzung, Vorbereitung der Arbeitsmittel
benutzte Methoden und Arbeitsmittel	Wunderfrage → Flipchart
Entwicklung seitens des Klienten	Stärkung des Gesundheitsbewusstseins, Zielkonkretisierung

Vor einer jeden Sitzung bereitet der Coach die benötigten Arbeitsmittel vor und lässt die vergangene Sitzung noch einmal Revue passieren indem er sich seine mitgeschriebenen Notizen zur Hand holt. Nachdem der Klient begrüßt und Rapport hergestellt wurde, wird gemeinsam die vorangegangene Sitzung reflektiert und nach Änderungen, die sich dadurch ergeben haben könnten, gefragt. So wird zum Beispiel die Frage aufgegriffen, ob er denn Lösungen gefunden hat, was bei schlechtem Wetter draußen unternommen werden könne. Er gibt an, sich wärmer anziehen zu können, oder einfach an schönen Tagen direkt raus zu gehen, da ja kaum die ganze Woche schlecht sein könne. Da im

Erstgespräch nicht mehr genug Zeit war, thematisiert der Coach noch einmal das Thema Gesundheit allgemein und lässt sich vom Klient erläutern, was er darunter versteht, um so eine gemeinsame Auffassung und Ausgangsbasis des Begriffs zu haben. Nachdem dies geschehen ist, schließt der Coach nochmals an dem Punkt an, dass auch bei schlechtem Wetter, wie der Klient sagte, Sport getrieben werden kann und er doch gerne mal sich so eine Woche, am besten im Idealverlauf, vorstellen solle. Dazu wird die Methode Wunderfrage erläutert, gefragt, ob alles verstanden wurde und dann das Einverständnis geholt, diese anwenden zu dürfen. Bei der Wunderfrage geht es darum, sich vorzustellen, man steige abends ins Bett und wache morgens auf, wobei über Nacht das Wunder geschehen ist und das bestehende Problem bzw. Anliegen des Klienten unbemerkt verschwunden ist. Der Klient soll sich nun vorstellen, woran er und seine Umwelt merken würde, dass dieses Wunder geschehen ist und so seinen Tag nach dem Aufwachen ausmalen. Nachdem der Klient von seinem fabelhaften Tag berichtet hat, wird er gebeten, die Kerngedanken dieses Tages festzuhalten, zum Beispiel seine stärksten Gefühle und Gedanken und diese auf der Flipchart nieder zu legen. Dieses Flipchartblatt wird im Coachingraum an die Wand gepinnt, um so später darauf zurückgreifen zu können. Durch die Methode der Wunderfrage wurde das Ziel des Klienten noch einmal konkretisiert, indem er sich schon einmal einen solch wunderbar verlaufenden Tag und damit die Zielerreichung vorstellt. Um dieses Ziel noch einmal aufzugreifen und ebenfalls auf Flipchart zu fixieren, fragt der Coach gezielt nach, in welcher Zeit der Klient was erreicht haben will. Er geht dabei nach der SMART Zielformulierung vor, um so ein spezifisch, messbares, attraktives, realistisches und terminiertes Ziel zu haben. Dabei gelangt der Klient zu folgendem Ziel: „Ich möchte gerne aktiver werden, so dass ich innerhalb des nächsten viertel Jahres zwei Mal wöchentlich Sport treibe, um so zum Ende des Sommers hin unter 100 kg zu wiegen."

Dieses zu Papier gebrachte Ziel wird ebenfals auf Flipchartpapier an die Wand gepinnt, um es im wahrsten Sinne stets vor Augen zu haben. So wird das Ziel der Sitzung verwertet, indem es dauerhaft im „Raum schwebt". Zur Abrundung der Stunde lässt der Coach den Klienten noch einmal zusammen fassen, was dieser mitgenommen habe und wie er die Sitzung erlebt hat, um dann mit einem kleinen Ausblick auf die Folgesitzung sich freundlich zu verabschieden.

Tab. 5: Darstellung der dritten Sitzung

Vorbereitung seitens des Coachs	Reflexion vergangene Sitzung, Vorbereitung der Arbeitsmittel, Mitnahme von weiterführender Literatur
benutzte Methoden und Arbeitsmittel	Säulen der Identität → Arbeitsblatt
Entwicklung seitens des Klienten	Selbstreflexion, Realitäts- und Ressourcenprüfung

Nachdem die Sitzung eingeleitet und die vorangegangene reflektiert wurde, erläutert der Coach die Methode Säulen der Identität. Da jeder seine eigene Identität hat, baut sich diese auch unterschiedlich auf ihren Stützpfeilern, den Säulen, auf. Die Säulen beziehen sich auf die Person und das Sein, die Leistung und das Tun, den Erfolg und das Haben. Hierfür wird das Arbeitsblatt im Anhang genutzt, wobei der Klient die einzelnen Säulen auffüllt, je nach zugemessener Bedeutung.

Dabei kristallisiert sich heraus, dass dem Klient besonders die Säulen Gesundheit, Erscheinung und soziales Netz am Herzen liegen. So führt er sich selber noch einmal vor Augen, was ihm eigentlich wichtig ist, bzw. seine Identität ausmacht. Nun interveniert der Coach und fragt, wie der Klient denn die Säule soziales Netz für seine Zielerreichung nutzen könnte. Dabei kommt er auf die Idee, seine Mutter mit einzubeziehen und sie so als zusätzlichen Motivationsfaktor zu nutzen, indem er wenigstens einmal je Woche mit ihr spazieren möchte. So wurde neben der Selbstreflexion durch die Säulen der Identität auch gleich noch eine Ressource aus dem sozialen Umfeld erschlossen, die bei der Zielerreichung unterstützend wirken kann.

Somit führt sich der Klient selber noch einmal den Stellenwert von Gesundheit und eigener Erscheinungsform vor Augen und erkennt damit auch noch einmal die Relevanz seines Anliegens. Als sich die Sitzung dem Ende neigt, rundet der Coach diese wieder ab und lässt den Klient noch einmal zusammen fassen, was er aus der Sitzung mitgenommen habe. Des Weiteren bittet er, als kleine Hausaufgabe sozusagen, zu überlegen an welchen Tagen er mit seiner Mutter spazieren gehen könnte und dies ruhig eventuell schon einmal auszuprobieren. Zur Ergebnisverwertung ist zu sagen, dass das Ergebnis, die aufgedeckte Ressource aus dem persönlichen Umfeld, insoweit verwertet wird, dass der klient schon einmal konkret den Faden weiter spinnt und sich Gedanken macht, wann es realistisch ist, diese Ressource zu nutzen.

Vorbereitung seitens des Coachs	Reflexion vergangene Sitzung, Vorbereitung der Arbeitsmittel
benutzte Methoden und Arbeitsmittel	Inneres Team → Knete Aktionsplan → Arbeitsblatt
Entwicklung seitens des Klienten	Selbstreflexion, Aufbau Handlungsfähigkeit

Nachdem die Sitzung eingeleitet wurde, wird noch einmal auf die vorangegangene Bezug genommen, besoners auf die Hausaufgabe, zu überlegen, wann er mit seiner Mutter spazieren könnte. Dies konnte sogar schon einmal in die Tat umgesetzt werden, da beide freitags Zeit hatten und das Wetter obendrein super war. Der Klient bestärkt, dies beibehalten zu wollen, ist sich aber dennoch noch nicht ganz sicher, ob er sich auch alleine aufraffen kann. Hier fragt der Coach nach, welche Gedanken in ihm hochkommen. Der Klient beschreibt es als sein innerer Schweinehund, der wie ein Zweifler oder eine Bremse wirkt. Um dies und weitere Gedanken zu visualisieren, erläutert der Coach die Methode des inneren Teams, wofür er verschieden farbige Knete vorbereitet hat, um jede Knete zu einer Figur zu formen, die einen Gedanken repräsentiert, zum Beispiel den Schweinehund als "Zweifler", die Mutter hingegen als "Ermunterer". So formt er jeweils für jeden Gedanken eine Emotion aus Knete, variierend in Größe und Form und positioniert diese um sein Anliegen herum. Im Anschluss wird im Detail besprochen, warum welche Figur so steht wie sie steht und warum sie die Größe und Farbe hat, die ihr der Klient zugeordnet hat. Zur Auswertung können vom Coach folgende Fragen gestellt werden: Wie stehen die Figuren zueinander, sind sie sich nah oder fern? Kooperieren, distanzieren oder konkurrieren die Figuren? Wer leitet das Team? Wer kann sich durchsetzen? Wie zufrieden sind Sie mit Ihrem Team? So stellt sich heraus, dass der Zweifler eigentlich entfernter vom Anliegen steht und seine Mutter insbesondere eher bekräftigend nah am Anliegen platziert wurde, nicht zuletzt, weil sie sich für ihren Sohn Erfolg wünscht und sich auch gerne durch den wöchentlichen Spaziergang einbringt. An diesem Punkt und nach genauer Behandlung der einzelnen Figuren, knüpft der Coach an und erstellt mit dem Klienten noch einen Aktionsplan in welchem der Klient festhält, an welchen Tagen er Sport treiben möchte und welcher alternative Wochentag in Frage käme, falls der erste durch schlechtes Wetter geprägt ist. Dies steigert noch einmal seine Handlungsfähigkeit und soll so den Motor auf Dauerlauf bringen. Der Coach lässt den Klienten zum Abschluss die Stunde noch einmal zusammen fassen und ermuntert den aufgestellten Aktionsplan einzuhalten und so den Grundstein für dauerhafte Aktivität zu legen.

2.2 Begründung der Vorgehensweise

Zu Beginn einer jeden Sitzung steht die freundliche Begrüßung des Klienten und das Herstellen von Rapport, dem guten Draht, um so eine vertrauensvolle empathische Basis herzustellen. Dies wird erreicht durch aktives Zuhören, eine wertschätzende Haltung, empathisches Spiegeln, warme Stimme, aufgeschlossene Körperhaltung und die Bereitschaft sich in den Klienten hineinzuversetzen und die Welt mit seinen Augen zu sehen (Migge, 2005, S. 32). Daher wird für diesen Schritt je Sitzung durchaus eine Zeit von knapp 10 Minuten veranschlagt, um wirklich einen gelungenen Einstieg hinzubekommen.

Im Anschluss daran wird die vorherige Sitzung noch einmal vor das innere Auge geholt, indem der Coach beispielsweise nachfragt, was sich in der Zwischenzeit verändert hat, welche neuen Gedanken enstanden sind, oder aber auch, ob mögliche Hausaufgaben soweit umgesetzt werden konnten. Des Weiteren wird so der Einsteig erleichtert, da man sozusagen wieder beim Thema ist und dem Klienten vermittelt, ich habe nicht vergessen, was wir besprochen haben.

Um ein gemeinsames Verständnis von Gesundheit als begriff zu haben, lässt sich der Coach zu Beginn der zweiten Sitzung noch einmal vom Klienten seine Auffassung diesbezüglich schildern, um so auf einen Konsens zu gelangen (Pieter & Mayer, 2014, S. 168). Die zweite Sitzung ist innerhalb des GROW-Modells dem „G" für Goal zuzuordnen. Von demher dient diese Sitzung vorrangig der Zielkonkretisierung, wofür die Methode der Wunderfrage angewandt wird, da diese unverbindlich phantasieren lässt und meist die Erkenntnis mit sich bringt, dass das, was man nach eingetretenem Wunder tun würde, gar nichts Unnatürliches oder Unmögliches ist (Pieter, 2014b, S. 25). Anschließend werden die dominantesten Gedanken und Gefühle die der Klient zuvor beschrieben hat auf einem Flipchartpapier fixiert und an die Wand gepinnt, um diesen Tag vor Augen zu haben, der im Optimalfall sogar im Laufe der Zeit dann Wirklichkeit wird. Des Weiteren wird das Ziel des Erstgesprächs in dieser zweiten Sitzung zum Abschluss noch einmal konkretisiert, indem der Coach gezielt Fragen stellt, wie zum Beispiel „Warum möchtest du etwas für deine Gesundheit tun? In welcher Zeit willst du dies tun? Wie viel möchtest du wann genau abgenommen haben?" So wird das Ziel Schritt für Schritt konkretisiert und nach der SMART Formel auf Flipchart ebenfalls festgehalten.

Innerhalb der dritten Sitzung wird die Methode Säulen der Identität angewandt, da diese sich besonders zu Beginn des Coachings eignet, um „die verschiedenen Identitätsbereiche zu explorieren und um etwaige Fehlbewertungen zu erkennen" (Pieter & Mayer, 2014, S. 171). Wichtig ist auch gerade beim Thema Gesundheit, dass der Klient eine Sinnhaftigkeit hinter gesundheitsorientierter Veränderung erkennt, was durch die Säulen der Identität metaphorisch gelingt, da dem Klient auffällt, jede Säule hat ja eine wörtlich tragende Funktion, so eben auch die der Gesundheit, welche er auch auf dem Arbeitsblatt mit hohem Wert bemisst.

Diese dritte Sitzung lässt sich dem R des GROW-Modells zuordnen, da es vorrangig darum ging, die Realität des Klienten anhand der Säulen abzuprüfen, aber auch schon Ressourcen in seiner Situation, wie das soziale Umfeld, aufzudecken. Als Hausaufgabe bietet sich der Versuch an, direkt mit der Mutter gemeinsam spazieren zu gehen, die der Klient ja selber als mögliche Ressource aus dem sozialen Umfeld entdeckt hat.

Im Rahmen der vierten Sitzung wird die Methode des inneren Teams angewandt. Dabei geht es darum, einen Überblick über die wichtigsten Persönlichkeitsanteile zu bekommen, um so zu gucken, welche am dominantesten sind und welche gewinnbringend genutzt werden können. So kann der Coach zusammenfassend fragen, was sich an Teampositionen, Kooperationsweisen und Argumentationsformen der Teammitglieder ändern müsste, um einen Lösungsweg zu bestreiten (Richter, 2015, S. 335). Der im Anschluss erstellte Aktionsplan forciert noch einmal den Gedanken die Mutter als Ressource einzubeziehen und des Weiteren konkret Handlungen an festen Tagen mit möglicher Alternative einzuplanen. Diese vierte Sitzung lässt sich dem R und teilweise dem O des GROW-Models zuordnen, da das innere Team noch einmal die Realität prüft und der Aktionsplan schon eine Art Option zu Handlungsablauf darstellt.

Jede Sitzung wird am Ende noch einmal vom Klienten zusammengefasst, damit dieser in eigenen Worten formuliert, was er aus der Sitzung mitgenommen hat und eventuelle Fragen noch loswerden kann. Zuletzt gibt der Coach noch einen kleinen Ausblick auf die Folgesitzung um so schon einmal Geschmack darauf anzuregen und bittet darum, eventuelle Hausaufgaben zu erledigen, um so den Erfolg der Sitzung in den Alltag zu tragen.

3 Darstellung einer Sitzung

Als Beispiel soll die zweite Sitzung herangezogen werden.

Hinsichtlich der Coachinghaltung und Gesprächsführung ist folgendes zu sagen:

Der Coach bringt dem Klienten Wertschätzung gegenüber, indem er sein Anliegen und Probleme ernst nimmt und aus dessen Perspektive die Dinge versucht zu betrachten. Dabei ist er ein guter Zuhörer, der durch gezielte Fragen das Gespräch lenkt, jedoch dem Klienten einen möglichst großen Anteil am Gespräch lässt, um so eigene Verhaltensmuster zu hinterfragen und Zusammenhänge zu erkennen. Letztlich arbeitet der Coach gemeinsam klare Ziele heraus und behält diese während des Verlaufs stets im Blick und wahrt jederzeit Neutralität (Pieter, 2014a, S. 90). Das Stichwort ist eine gute Partnerschaft, also den jeweils anderen als Partner anzusehen.

Tab. 7: Detaillierte Darstellung der zweiten Sitzung

Ziel der Sitzung	Zielkonkretisierung des Klientenanliegens
Ablauf der Sitzung	Begrüßung und Rapport Reflexion des Erstgesprächs Wunderfrage Resümee und Abrundung Ausblick und Verabschiedung
Ergebnis der Sitzung	Stärkung des Gesundheitsbewusstseins, Zielkonkretisierung

Unter Punkt 2.1 kann der Inhalt noch genauer nachgelesen werden, weshalb hier nicht erneut alles breit getreten wird. Nachdem der Rapport durch Smalltalk hergestellt wurde, knüpft der Coach noch einmal an der letzten Sitzung an, indem er Folgendes, möglichst durch offene Fragen, erfragt:

Coach: „Jens, Sie haben mir innerhalb des Erstgesprächs schon viel über sich und Ihr Anliegen erzählt, welches ich heute noch weiter mit Ihnen konkretisieren möchte. Können Sie es mir bitte noch einmal kurz in Ihren Worten zusammen fassen?"

Klient: „Ja gerne, ich möchte einfach wieder aktiver werden und am besten langfristig Sport treiben, da ich auch abnehmen muss."

Coach: „Danke, das haben Sie mir verständlich zusammen gefasst. Ich habe in Erinnerung, dass Sie gerne wieder unter 100 kg wiegen wollen und Sie durchaus ab und an schon in Ihrem Hof Bastekball spielen, aber, wenn ich mich recht erinnere, bei schlechtem Wetter sich nur schwer dazu aufraffen können?"

Klient: „Ja genau, das habe ich mir schon so vorgestellt, denn vor einigen Jahren habe ich auch so viel gewogen. Hm, bei miesem Wetter ist der Boden auch zu nass und der Ball klebt dann immer sofort, da macht es doppelt keine Lust, aber ich würde schon gerne was machen manchmal..."

Coach: „Das verstehe ich, denn ein bedreckter Ball spielt sich nicht so gut. Jens, Sie schildern, dass Sie dennoch gerne auch an solchen Tagen eine Lösung finden würden, als kleine Hausaufgabe bat ich Sie ja, sich zu überlegen, was Alternativen an solchen Tagen sein könnten. Welche Gedanken sind Ihnen dazu gekommen?"

Klient: „Ja, da habe ich etwas darüber nachgedacht. Also Basketball kann ich mir aus genanntem Grund nicht vorstellen, aber ich könnte ja vielleicht etwas anderes an einem solchen Tag machen."

Coach: „ Was könnte das sein?"

Klient: „Puh, gute Frage. Da muss ich kurz überlegen...

Lange Pause

Mir fällt gerade nichts ein."

Coach: „Das ist ok. Gibt es Personen in Ihrem Umfeld, die ähnliche Situationen haben, oder Ihnen schon einmal dazu Rat gegeben haben?"

Klient: „Meine Mutter sagt immer, ich bin zwar ein Süßer, aber ja nicht aus Zucker und ich solle mir einfach was Warmes anziehen. Ich könnte bei mir spazieren gehen, da ich gleich die Natur vor der Türe habe!"

Coach: „ Haha, das hat Ihre Mutter nett formuliert und eine mögliche Lösung haben Sie ja nun schon direkt angesprochen!"

Nachdem der Coach nun noch einmal das Anliegen vom Klienten hat formulieren lassen und die Hausaufgabe der letzten Stunde thematisiert hat, leitet er noch einmal auf den Begriff Gesundheit über, um ein einheitliches Verständnis auf beiden Seiten zu schaffen und für die Thematik zu sensibilisieren. Im Anschluss führt er an die Methode der Wunderfrage heran:

Coach: „Ihr Anliegen ist uns beiden klar vor Augen geführt worden, nun möchte ich gerne mit Ihnen auch noch ihr Ziel, also den Zustand, den Sie erreichen möchten, näher bestimmen."

Klient: „Ja gerne, ich habe da schon grobe Vorstellungen von, aber wie das genau aussehen soll, weiß ich noch nicht so ganz."

Coach: „Das ist kein Problem, eine grobe Vorstellung ist ja schon einmal ein guter Anfang, welche ich gerne mit Ihnen konkretisiere und dazu die Wunderfrage mit Ihnen benutzen möchte."

Klient: „Das klingt gut, was genau kann ich mir denn darunter vorstellen?"

Coach: „Die Wunderfrage ist eine Methode, bei der Sie sich vorstellen, dass ihr Anliegen über Nacht auf einmal wie durch ein Wunder gelöst ist."

Klient: „Ok, das klingt noch etwas entfernt aber den Gedanken sind ja keine Grenzen gesetzt, ich darf mir auch alles vorstellen, so wie ich es gerne hätte?"

Coach: „Genau, Sie stellen sich einen fabelhaft verlaufenden Tag vor, genau wie Sie ihn gerne hätten, von Anfang bis Ende. Sie steigen aus dem Bett und wissen nicht dass das Wunder geschehen ist, durchleben den Tag wie Sie es sich wünschen und merken dann anhand anderer und ihren Vorstellungen, dass etwas Wunderhaftes geschehen sein muss. Woran würde Ihr Umfeld die Veränderung bemerken? Wer wäre davon am meisten überrascht?"

Klient: „Das klingt gut, ich versuche mir das schon einmal vorzustellen."

Coach: „Gerne, Jens haben Sie noch Fragen zu dieser Methode und ist es okay wenn wir diese nun ausprobieren?"

Klient: „Nein, soweit habe ich das verstanden und werde mich einfach mal darauf einlassen."

Nachdem der Coach die Wunderfrage eingeleitet hat, indem er den Klient bittet, sofern dieser das möchte, die Augen zu schließen und ruhig zu atmen, schildert dieser den Tag nach dem über Nacht eingetretenen Wunder. In einem nächsten Schritt, bittet der Coach den Klienten darum, die wichtigsten Emotionen und Gedanken, die im während der Schilderung des Wunders kamen, auf Flipchart festzuhalten:

Coach: „Jens, ich konnte mir sehr gut den von Ihnen geschilderten Tag nach Eintritt des Wunders vorstellen, vielen Dank dafür. Was halten Sie davon, wenn wir diesen Fortschritt in einer Form fixieren?"

Klient: „Also das würde mir gut gefallen, damit ich mich auch später noch daran noch gut erinnern kann."

Coach: „Wunderbar, ich habe hier einen Flipchartbogen für Sie vorbereitet, auf dem ich Sie nun bitte, Ihre Kerngedanken und Emotionen, die Sie bei der Wunderfrage erlebt haben, aufzuschreiben."

Klient: „Alles klar, da fällt mir einiges dazu ein, ich schreibe das einfach mal nun hin."

Der Klient fixiert die Dinge, die ihm in den Sinn kommen.

Coach: „Sie haben wirklich eine Menge zusammen getragen, super. Wie empanden Sie die Wunderfrage, was gefiel Ihnen gut?"

Klient: „Mir gefiel gut, dass ich einfach mal meine Gedanken schweifen lassen konnte und den Tag so bauen konnte, wie ich wollte, ohne einen Gedanken an das Wetter oder die Arbeit verschwenden zu müssen. Ich konnte fast schon diesen Tag fühlen, so realistisch kam es mir beinahe vor."

Coach: „Das freut mich, ich habe auch an Ihrer Stimme und Körperhaltung erkennen können, wie sie förmlich in diesen Tag herein geschlüpft sind."

Klient: „Ja, das hat man gemerkt?! Also ich hab nicht geschauspielert, mir gefiel der Gedanke sehr gut, ob so ein Tag aber schon bald Wirklichkeit sein wird, das weiß ich nicht genau..."

Coach: „Ja durchaus. Habe ich richtig verstanden, Sie konnten mit der Wunderfrage sehr gut arbeiten, sind aber noch nicht ganz davon überzeugt, dass so ein Tag in absehbarer Zeit so in etwa ablaufen könnte?"

Klient: „Ja genau, das war ja nun schon etwas Wunschdenken, ich habe ja nicht jeden Tag frei."

Coach: „Da haben Sie Recht, manchmal stehen natürlich andere Verpflichtungen an. Auf einer Skala von eins für unrealistisch bis zehn, für wie realistisch halten Sie es, dass in Zukunft ein Tag zumindest so ähnlich gestaltet werden könnte?"

Klient: „Also ich glaube zwar nicht, dass das so schon in einer Woche aussieht, aber völlig utopisch erscheint mir das auch nicht, denn es ist ja schließlich nichts Unmögliches. Ich würde sagen eine sechs bis sieben."

Coach: „Das haben Sie gut eingeschätzt, eine sechs bis sieben klingt doch gar nicht so weit entfernt von der Realität, auch wenn Sie natürlich Recht haben, dass das wohl noch ein klein wenig länger dauert als bis zur Folgewoche."

Abschließend leitet der Coach noch einmal auf das Klientenziel hin, um so den Kreis zu schließen und lässt dieses vom Klienten selber anhand der SMART Formel definieren, um es wiederum auf Flipchart festzuhalten. Mit einer Zusammenfassung seitens des

Klienten und einem Ausblick wird die Stunde abgerundet. Bezüglich des gesetzten Ziels die Zielkonkretisierung voran zu treiben, ist zu sagen, dass das Ergebnis der Sitzung durchaus in diese Richtung geht, da der Klient einerseits mittels SMART Formel sein Ziel eigenständig formuliert hat: *„Ich möchte gerne aktiver werden, so dass ich innerhalb des nächsten viertel Jahres zwei Mal wöchentlich Sport treibe, um so zum Ende des Sommers hin unter 100 kg zu wiegen. "*, aber andererseits auch erkannt hat, dass ein solcher Wunschtag gar nicht so unrealistisch erscheint, sondern schon in naher Zukunft durchaus so ablaufen könnte.

4 Ergebnisverwertung und Schlussfolgerung

4.1 Einschätzung in Bezug auf den Klienten

Von Seiten des Coaches ist zu sagen, dass er die Hilfe zur Selbsthilfe ist und mit bester Bemühung und Methodenauswahl versucht hat, das Anliegen des Klienten zu bearbeiten und diesen soweit anzuleiten, langfristig selber die Lösung zu sein. Dies scheint soweit gelungen zu sein, eine Garantie jedoch gibt es bei keinem Coaching. Gerade weil mit kleinen Schritten begonnen wurde und der Faktor des sozialen Umfelds als Ressource mit einbezogen wurde, besteht eine hohe Chance auf dauerhaften Erfolg. Der Klient selber ist mit dem Ergebnis noch nicht zufrieden, da es ja erst am Ende des Sommers vollständig erreicht sein soll, jedoch mit dem bisherigen Prozess, ihn zur Aufnahme dieses Wegs zu motivieren, schon. Die Lösungsbereitschaft des Klienten war durchaus gegeben, da er sich auch bemühte, aufgetragene Hausaufgaben möglichst umzusetzen. Dies spiegelte sich auch in einer entspannten Gesprächsatmosphäre wieder, in der sich der Klient sichtbar auch in seiner Körperhaltung immer weiter öffnete bzw. selbstbewusster erschien. Sein Verhalten änderte er insofern, dass er nun einmal je Woche mit der Mutter spazieren geht und ein weiteres Mal alleine probiert Sport zu treiben, so es ein weiterer Spaziergang oder eine Runde Rad fahren.

4.2 Schlussfolgerungen des Coaches

Insgesamt ist der Coach mit dem Vorgehen zufrieden, wobei es teilweise mühsam war, nicht in die Rolle des Beraters zu fallen und so konkrete Tipps zum Thema Ernährung oder Sport zu geben, sondern eben den Klienten selber auf die Lösungen kommen zu lassen. Die Methoden wurden soweit vom Klienten gut verstanden und konnten reibungslos umgesetzt werden, wobei man eventuell auch ein Rollenspiel mit dem inneren Schweinehund auf der einen Seite und dem Motivator auf der anderen Seite hätte einbauen können. Der Einsatz der verwendeten Arbeitsmittel (Flipchart, Arbeitsblatt, Knete, Aktionsplan) war zweckmäßig und durchaus zielführend, nicht zuletzt durch die dauerhafte Sichtbarkeit der aufgehängten Flipchartblätter.

5 Literaturverzeichnis

Migge, B. (2005). *Handbuch Coaching und Beratung.* Weinheim und Basel: Beltz.

Pieter, A. (2014a). *Studienbrief Coaching I.* Saarbrücken: Deutsche Hochschule für Prävention und Gesundheitsmanagement.

Pieter, A. (2014b). *Studienbrief Coaching II.* Saarbrücken: Deutsche Hochschule für Prävention und Gesundheitsmanagement.

Pieter, A. & Mayer, J. (2014). *Studienbrief Coaching III.* Saarbrücken: Deutsche Hochschule für Prävention und Gesundheitsmanagement.

Richter, K. F. (2015). *Coaching als kreativer Prozess: Werkbuch für Coaching und Supervision mit Gestalt und System* (4. Auflage). Göttingen: Vandenhoeck & Ruprecht GmbH & Co. KG.

Whitmore, J. (1994). *Coaching für die Praxis – eine klare, prägnante und praktische Anleitung für Manager, Trainer, Eltern und Gruppenleiter.* Frankfurt am Main: Campus.

6 Abbildungs- und Tabellenverzeichnis

6.1 Abbildungsverzeichnis

6.2 Tabellenverzeichnis

7 Anhang

Gesundheit - Fitness - Vitalität - Wohlbefinden - Selbstbild

Welche Bedeutung haben die Säulen für mich? Je größer die Bedeutung desto höher der Wert
Schreiben Sie bitte die zugehörige Wichtigkeit von 1 bis 10 in das obere Feld der Säule

Betrachten Sie nun die Säulen als Speicher.
Wie voll sind die einzelnen Speicher? Markieren Sie den Grad der Füllung = Zustand der aktuellen Zufriedenheit
Womit sind die Speicher gefüllt? Notieren Sie dies in der jeweiligen Säule (z.B. Gesundheit durch gesunde Ernährung und Sport)
Was fehlt um die Speicher zu füllen? Tragen Sie die Dinge ein, die Möglichkeiten bieten diese zu füllen.

100%	100%	100%	100%	100%	100%	100%	100%
0%	0%	0%	0%	0%	0%	0%	0%
Gesundheit Fitness Vitalität	Erscheinung Körperform Erotik	Charakter innerer Friede Bewusstheit	Stärken Werte Ziele Kompetenz	Gefühle Stimmung	Beruf Rollen im Beruf	Leidenschaft Hobby	materieller Sicherheit	soziales Netz Familie Freunde andere Rollen
	Körper	Psyche	Mental	Emotional	Anerkennung	Interessen		Sozial
		Person			Leistung		Erfolg	
		Sein			TUN		Haben	

Abb. 2: Säulen der Identität (copyright DHfPG)